ɩ K.

L'auteur, Giuseppe Lonobile

Comédien et metteur en scène formé au Conservatoire royal de Mons (Belgique), il codirige, avec Céline Degreef, l'Atis Théâtre privilégiant les textes contemporains et comptant une vingtaine de spectacles à son actif. Il anime également des ateliers théâtraux pour jeunes et adultes, et participe à la gestion de l'association théâtre-éducation IThAC.

Publications chez Lansman Editeur :

- *Comme un insecte*, 2014. Récit à lire et à jouer.
- *Emma K.*, 2018. Récit jeune public à lire et à jouer.

D/2018/5438/1200 ISBN : 978-2-8071-0199-9

Giuseppe Lonobile

Emma K.

Récit à lire, à dire, à jouer
librement inspiré par l'oeuvre de Franz Kafka

- Lansman Editeur -

J'ai un jour entendu un auteur et metteur en scène connu (Wajdi Mouawad) dire qu'il avait trouvé, alors qu'il sortait à peine de l'enfance, un livre de Kafka traînant chez lui sur la table du salon et que cette lecture faisait partie des éléments qui avaient construit sa vision du monde. Je le crois volontiers.

Car l'approche des nouvelles et romans de Franz Kafka ne dépend ni de l'âge ni de la maturité du lecteur mais bien de sa capacité à faire la part du chemin qui lui permettra d'entrer, au-delà de ce qui est raconté, dans l'univers oppressant que l'on retrouve dans la plupart de ses écrits.

Encore faut-il accepter de s'intéresser aux personnages enfermés dans des situations absurdes et angoissantes, sans véritable issue, comme s'ils étaient prisonniers d'un labyrinthe dont ils ne trouveraient pas la sortie par la faute des "gens d'en haut".

En choisissant de plonger une jeune fille de douze dans un univers "kafkaïen" qui rappelle celui du Procès *mais avec une grande liberté et sans concession, Giuseppe Lonobile offre certes une porte d'entrée dans l'oeuvre de Kafka. Mais il propose également aux jeunes de réfléchir sur l'absurdité d'un monde contemporain où les règles et les lois se multiplient tout en limitant la possibilité de se forger une opinion personnelle.*

C'est ainsi, c'est la Loi, ce sont les règles imposées par ceux qui détiennent "la vérité"... donc ça ne se discute pas.

Bravo et merci !

Emile Lansman

1. Emma

Je m'appelle Emma. Emma K.

L'histoire que je vais vous raconter est vraie. Tout a commencé la veille du jour de mes douze ans.

C'était le soir. Mon père m'avait une fois de plus envoyée au lit sans manger. Pour je ne sais quelle petite bêtise que j'avais faite, il était entré dans une rage folle et m'avait dit :

- File dans ta chambre, tu seras privée de repas.

Pourtant, un jour à la télévision, on avait tous entendu un psychologue dire qu'il ne fallait pas assimiler le "coucher du soir" à une punition. Car comme on finit toujours par aller se coucher, j'aurais pu vivre chaque mise au lit comme une punition perpétuelle, un traumatisme récurrent ou un truc du genre. Mais là, ça a été plus fort que lui.

- File dans ta chambre, mets-toi au lit, tu seras privée de repas.

J'ai vu que ma mère n'était pas très heureuse. A cause du psychologue à la télé...

Jusque-là, ça m'avait été bien utile. Car mon père supportait de moins en moins, les agissements enfantins de sa petite fille en mal d'aventure.

Ce n'est pas que j'étais difficile. Un peu remuante, rien de plus. Pleine d'énergie.

Je suis donc montée au lit le ventre creux.

Vous vous êtes déjà endormis le ventre creux ? Cette nuit-là, j'ai appris à faire abstraction de mon ventre et de ce vide à l'intérieur de moi.

Je me suis endormie. La mort au ventre.

2. L'arrestation

Le lendemain matin, journée de mon anniversaire, j'ai ouvert les yeux sur un jour neuf. Pressentant déjà le plaisir inouï que j'aurais à mordre ma tartine matinale. Imaginant déjà le beau gâteau au chocolat que ma mère m'aurait fait la veille au soir et que j'emporterais avec moi à l'école pour le partager avec mes copines afin de fêter mes douze ans.

Je me préparais à descendre. Je mettais ma deuxième pantoufle, quand un homme est entré dans ma chambre.

Il avait les cheveux sombres et portait de grosses lunettes noires. Son oesophage semblait lui sortir du cou.

Je n'ai pas eu peur. J'ai dit que je voulais descendre voir mes parents et manger une tartine.

Il m'a dit qu'ils étaient partis en voyage. Qu'ils avaient besoin de réfléchir sur mon cas et qu'ils avaient pris mon petit frère avec eux.

Il m'a dit que je ne pouvais aller nulle part, que je devais rester dans ma chambre jusqu'à nouvel ordre.

- Non mais quoi ! Ça ne va pas non ? Rester dans ma chambre jusqu'à nouvel ordre ! Et pourquoi, hein ? Pourquoi ?
C'est une blague ; c'est ça, c'est pour mon anniversaire. C'est une surprise. Mes parents sont là, ils me font une surprise. Je vais descendre et ils ne seront pas partis...
C'est ça ? ... Qui êtes-vous ? Je n'ai même pas peur.

- *Si, ils sont partis*, il a dit.

- *Qui êtes-vous ?*

- *Disons... un inspecteur de police.*

- *Montrez-moi votre plaque !*

J'aimais regarder les séries policières à la télé, donc je savais ce qu'il fallait dire à cet instant-là précisément. Mais il n'a pas bronché.

- Ceci n'a rien d'une plaisanterie ; alors, jusqu'à nouvel ordre, tu dois rester dans ta chambre.

- J'ai faim !

- C'est quelque chose qui peut se régler.

- Je veux voir mes parents.

- Plus tard.

- Quand ?

- Plus tard.

- Pourquoi plus tard ?

- Parce que vous devez rester dans votre chambre.

- Vous me vouvoyez maintenant ?

- On ne se connaît pas.

- Pourquoi je dois rester ici dans ma chambre ?

- Jusqu'à nouvel ordre.

- Oui, jusqu'à nouvel ordre, pourquoi ?

- Parce que.

- Pourquoi ?

- Arrêtez avec vos "pourquoi".

- Pourquoi ?

- Parce que c'est la procédure quand on est arrêté !

- Arrêtée ? Non mais... Arrêtée, pourquoi arrêtée, qu'est-ce que j'ai fait ? Arrêtée, ça ne va pas, non ? Arrêtée, ce n'est pas possible. Pourquoi arrêtée ?

- Vous êtes arrêtée parce que vous êtes en état d'arrestation... C'est comme ça, ne posez plus de questions.

- Je vais aller en prison ?

- Mais non, on n'envoie pas un enfant de douze ans en prison.

- Je suis arrêtée et je ne vais pas en prison ?

- Non. Vous devez juste rester ici jusqu'à nouvel ordre.

Un réveil se mit à sonner.

- C'est quoi ça ?

- Le nouvel ordre. Il faut vous préparer à aller à l'école.

- Mais comment je peux aller à l'école si je suis arrêtée ?

- Oui vous êtes arrêtée mais que cela ne vous empêche pas de vaquer à vos occupations quotidiennes, à mener une existence ordinaire.

- Alors je me demande à quoi cela peut bien servir d'être arrêtée si je dois quand même aller à l'école ! Et puis tout d'abord, j'ai faim !

- Que désirez-vous prendre pour votre petit déjeuner ?

- Vous êtes à mon service ?

- Si on veut...

- Pfff... Je peux tout vous demander ?

- Oui.

- Alors je veux voir ma mère. Sur-le-champ !

3. Le champ

Et là j'étais fière ! Fière d'avoir eu le dernier mot. Fière d'avoir cloué le bec à cet inspecteur de pacotille !

Je pouvais lire son étonnement, même si ses yeux étaient cachés derrière ses grosses lunettes noires, tellement grosses qu'on aurait dit une mouche géante.

Mais c'était être fière trop tôt, puisqu'un instant plus tard j'y étais, sur le champ...

Un champ immense avec l'horizon tout autour et moi toute seule au milieu ; l'horizon tout autour et une femme de dos. Elle marchait et je ne voyais pas son visage.

Elle s'éloignait. Ma mère s'éloignait. Je la reconnaissais pourtant : même de dos on reconnaît sa mère !

- *Maman... maman, attends !*

Je me suis mise à courir mais j'étais incapable de la rattraper.

- *Elle est sourde ou quoi ? Maman !*

Ma mère s'éloignait... C'était une toute petite dame maintenant, une petite dame qui allait disparaître derrière l'horizon.

J'étais seule au milieu de nulle part. De ma chambre, il ne me restait que le pyjama que j'avais sur le dos !

- *Qu'est-ce qu'on fait ici ? Où sommes-nous ?*

- *Vous avez demandé de voir votre mère... Elle vous a laissé une lettre que voici.*

- *Je ne l'ai pas vue vous donner cette lettre.*

- *Elle était sur la table du petit déjeuner. Aussi ai-je pris la peine de prendre vos vêtements. On vous attend à l'école, ne l'oubliez pas...*

- C'est un cauchemar, c'est ça ? Comment on a fait pour arriver ici ?

- Par la simple volonté, mais nous n'avons pas de temps à perdre avec les détails. Vous la voulez ?

- Quoi ?

- La lettre.

- Oui, bien sûr. Donnez-moi ça...

J'ai tout de suite reconnu l'écriture.

MA PETITE EMMA,

Petite Emma ! Ça c'est bien ma mère, tiens. Petite Emma. J'avais quand même douze ans !

HIER SOIR DES MESSIEURS DU...

HIER SOIR DES MESSIEURS DU TRIBUNAL SONT VENUS NOUS INFORMER DE TON ARRESTATION. TON PAPA ET MOI PENSONS QU'IL EST PRÉFÉRABLE DE TE LAISSER GÉRER CETTE SITUATION DÉLICATE TOUTE SEULE. NOUS NE SERONS PAS TOUJOURS LÀ POUR TE VENIR EN AIDE. TU AS DOUZE ANS AUJOURD'HUI. TU ES ASSEZ GRANDE POUR TOUT RÉGLER.

TU ES ENTRE LES MAINS DE LA JUSTICE. ENTRE DE BONNES MAINS DONC. NOUS AVONS TOUTE CONFIANCE EN TOI.

TU RECEVRAS SOUS PEU UNE CONVOCATION ET TU DEVRAS TE RENDRE AU TRIBUNAL. COURAGE ! CE N'EST QU'UN MAUVAIS MOMENT À PASSER. NOUS NOUS RETROUVERONS DÈS QUE TOUT CECI SERA TERMINÉ.

TES PARENTS QUI T'AIMENT.

P.S. : TON FRÈRE TE SOUHAITE UN JOYEUX ANNIVERSAIRE.

- Mais... ce n'est pas possible. On ne laisse pas un enfant de douze ans tout seul. Maman ! Papa ! Je ne suis pas grande. Vous vous trompez, on n'est pas grande quand on a douze ans ! ... Mais qu'est-ce que j'ai fait ? C'est mon anniversaire tout de même...

- Je ne sais pas. Je suis chargé de veiller sur vous. Un point c'est tout. Habillez-vous, nous devons vous conduire à l'école... Montez dans cette voiture je vous prie.

- La voiture, quelle voiture ?

Une voiture noire attendait là, au milieu du champ, au milieu de nulle part.

- Il n'y a qu'à demander. Allons-y, vous vous changerez à l'intérieur.

4. L'école

En classe j'étais toujours assise à côté d'un garçon avec des grands yeux et des lunettes. C'est madame Grubach qui choisissait où on s'asseyait. Le garçon à lunettes s'appelait Joseph. Il habitait dans le même immeuble que le mien. On se croisait parfois mais on ne se parlait jamais. Je lui trouvais un air bizarre...

Quand je suis rentrée en classe un peu en retard, j'ai vu tous les yeux de tous les enfants se braquer sur moi.

Madame Grubach m'a fait un sourire et m'a invitée à m'asseoir au plus vite. J'ai voulu m'excuser pour le retard, elle m'a dit :

- *Pas de problème, nous savons, nous savons...*

Mais qu'est-ce qu'elle pouvait bien savoir ? Et ce "nous" ? Qui était ce "nous" ?

Pendant toute la première heure, j'entendais les messes basses des autres élèves... Et Joseph ne me quittait pas des yeux. Un regard braqué sur vous à trente centimètres, c'est agaçant, ça vous perce le cerveau.

Après plus d'une heure de ces yeux-là, je n'en pouvais plus.

- *Arrête !!!*

Tout le monde a fait un bond sur sa chaise. Madame Grubach m'a regardée avec des yeux ronds.

- *Je pense que nous avons besoin d'une pause, les enfants. Allez dans la cour... Emma ? Attends... je peux comprendre ton état de stress mais ce n'est pas une raison pour perturber le cours.*

- *Excusez-moi, Madame.*

- *Tu es une bonne élève, Emma ; un peu turbulente mais bonne élève. Tu surmonteras cette épreuve sans difficulté, j'en suis certaine.*

- Je... je suis un peu perdue, Madame, je suis...

- ...accusée, Emma. Juste accusée.

- Mais je ne sais même pas de quoi ?

- Tu le sauras tôt ou tard... forcément. Tu es accusée, pas condamnée... Alors agis autrement si tu ne veux pas paraître suspecte aux yeux de tes camarades. Ils ne savent rien de tout ceci...

- Mais leurs regards, Madame ?

- Quels regards ? A chaque fois que quelqu'un arrive en retard dans cette classe, vous le dévisagez comme s'il avait commis un crime... Heu, pardon. Ils n'avaient aucune intention particulière.

- Mais vous avez dit "nous"... "Nous" savons...

- Oui : moi, le directeur, nous les adultes... Puis-je compter sur toi ?

- Pour faire semblant de rien ?

- Oui.

- Que va-t-il m'arriver ?

- Ecoute, je ne sais pas trop. Tu es arrêtée. Mais ce n'est pas comme quand on arrête un voleur. Quand on est arrêté comme un voleur, ça c'est grave. Tandis que ton arrestation... elle me fait plutôt l'impression de quelque chose de savant. Que je ne comprends pas, mais qu'on n'est pas obligé de comprendre... Tu comprends ?

- Non. Si vous-même, mon professeur, vous ne comprenez pas, comment voulez-vous que moi je comprenne ?

- Le tribunal t'en apprendra davantage... Tiens, prends ceci.

- C'est ?

- Le numéro de mon frère, il est avocat...

La sonnette retentit à nouveau.

- C'est quoi ?

- Du calme. La récréation qui commence. Va rejoindre les autres. Allez file. Et surtout... pas de vagues.

Madame Grubach sortit de la classe et je restai là, toujours aussi perdue. Joseph apparut soudain.

- Joseph ?! Qu'est-ce que tu veux ? Pourquoi tu me regardes comme ça ? Tu réponds ou quoi ? Ecoute, si tu ne réponds pas, tu n'as qu'à partir... Laisse-moi, je te dis.

- Tu ne te sens pas bien ?

- Si. Pourquoi tu demandes ça ?

- Tu vacilles.

- Quoi ?

- Tu vacilles. Tu ne tiens plus sur tes jambes...

- Je suis... J'ai juste un peu la tête qui tourne, c'est tout. J'ai...

Tout tournait autour de moi. Comme un tourbillon...

5. Tourbillon

Dans le dictionnaire Larousse, "tourbillon" signifie notamment "mouvement rapide de personnes ou de choses". Ou encore, plus littéraire : "ce qui entraîne dans un mouvement rapide, irrésistible". Exemple : "Le tourbillon de la vie".

A cet instant précis où je suis tombée, on peut dire que j'étais plongée tout entière dans un tourbillon de la vie.

J'ai vu ma vie défiler. Une coupe transversale du temps et de l'espace dévoilait, tel un kaléidoscope aux variations infinies, les matches de foot entre filles et garçons sur le terrain vague en face de l'immeuble où je vivais, les dîners en famille, le regard d'une mouche géante braqué sur mon visage, ma naissance, mon frère bébé, jusqu'à revivre la dérouille de Lise Dufrasne...

Lise était laide, genre petite boutonneuse qui puait de la bouche... du moins on le croyait. Un jour, on le lui a dit alors qu'elle voulait jouer avec nous à la récréation. Elle pleurait et nous, on riait, on l'insultait...

Moi j'étais nouvelle dans cette école ; j'ai suivi le groupe pour faire bien. Pour me faire bien voir, j'ai insulté cette Lise que je ne connaissais même pas, persuadée d'être supérieure, heureuse d'être intégrée dans ce groupe-là fait de filles qui avaient la cote auprès des garçons, fière d'être du bon côté de la barrière et, même mieux, rassurée d'être une fille normale faite selon la norme requise...

Je ne le referais plus ! J'ai dit ça à la mouche qui me regardait.

- *Je ne le ferais plus...*

- *Ne referais plus quoi ?*

- *Insulter Lise.*

- Qui est Lise ?

- ... Non, rien, personne... C'était un rêve.

- La conscience vous taraude. Elle fait son petit bonhomme de chemin... Vous êtes tous pareils. Tout doit toujours avoir une raison. Une explication. Vous êtes en état d'arrestation, alors vous recherchez la faute. Mais faut-il commettre une faute pour être arrêté ?

- Oui... non ?

- Vous me faites pitié ; je vais vous faire à manger... Vous n'avez plus rien dans le ventre depuis hier après-midi. Ce n'est pas étonnant que vous vous évanouissiez...

- Je me suis évanouie ?

- Oui, à l'école ; un certain Joseph vous a retrouvée à terre.

6. Les oeufs sur le plat

Ma chambre me paraissait plus grande. L'inspecteur m'avait ramenée à la maison. Je ne savais pas quelle heure il était. La fenêtre qui donnait sur le jardin avait disparu. Il y avait un bureau dans un coin qui n'était pas mon bureau. J'étais dans ma chambre sans être certaine que cela soit ma chambre...

Je suis descendue. La mouche - oui, décidément l'inspecteur ressemblait de plus en plus à une mouche - m'avait préparé des oeufs sur le plat. Dans le salon, la télévision était allumée. La mouche semblait absorbée par l'écran.

Je me suis plantée devant les oeufs.

- Maman...

- Quoi, maman ?

- Ma maman ne me fait jamais d'oeufs, elle sait que je n'aime pas.

- Je ne suis pas votre maman.

- Madame Grubach m'a dit que j'allais aller au tribunal. Tôt ou tard, il faudra que j'y aille, au tribunal... Le plus tôt serait le mieux.

- Vous avez eu assez d'émotions pour aujourd'hui !

- On pourrait y aller maintenant.

- Attendez d'être convoquée, cela vaudra mieux.

- Mais... je ne peux pas attendre. Conduisez-moi au tribunal, maintenant !

- Pas maintenant, vous voyez bien que je suis occupé. Et puis, de toute façon, je ne sais pas où se trouve le tribunal. Du moins celui qui vous concerne.

- Pourtant, il me semblait qu'il n'y avait qu'à demander et que tout était possible.

L'inspecteur a fait un bond vers moi. Je n'ai jamais vu quelqu'un d'aussi rapide. J'ai eu à peine le temps de m'adosser à la chaise. Le visage de la mouche était tout près du mien.

- Je vais prendre l'air. Quand vous avez une idée derrière la tête, vous... C'est votre premier jour d'arrestation et vous êtes déjà à cran.

Restée seule, je me suis mise à réfléchir. Longtemps. Finalement, j'ai pris la carte que madame Grubach m'avait donnée et j'ai téléphoné.

- Allô ? ... Oui, je voudrais parler à Maître Grubach, l'avocat. ... A l'étranger pour affaires ? Longtemps ? ... Oui. ... Très bien merci.

Après avoir raccroché, je me suis mise à pleurer, doucement, en silence.

7. *Max*

La journée du lendemain se déroula normalement. La mouche était revenue...

En fait une semaine passa... sans que rien ne se passe.

A l'école Joseph me fixait toujours autant mais je faisais semblant de rien. L'école était un soulagement pour moi. C'était le seul endroit où la mouche me laissait tranquille.

J'ai dit à madame Grubach que j'avais appelé chez son frère. Elle m'a dit qu'elle lui ferait part de mon problème dès son retour.

J'attendais avec impatience un signe, un courrier, quelque chose qui pût faire avancer mon procès. La convocation du tribunal. Quelque chose... mais rien !

Et Karl qui passait le plus clair de son temps à regarder la télévision. Oui, Karl, c'était le nom de la mouche. Et à me faire des oeufs sur le plat, toujours des oeufs sur le plat et encore des oeufs sur le plat.

Dès qu'il en avait l'occasion, il retournait vers la télévision. Tout ce qu'il pouvait me dire, c'était : "Que voulez-vous faire aujourd'hui ?"

Ces journées sans mes parents et mon frère, c'était dur.

Après une semaine, la mouche s'inquiéta de mon état physique. J'étais faible. Je dormais peu et détestais les oeufs. J'avais même songé à faire une grève de la faim.

Heureusement, madame Grubach surveillait mes repas de midi ; elle veillait à ce que je mange un minimum.

Le vendredi soir un événement troublant vint soulager ma léthargie...

- *Un ami vous demande.*

- *Max ?*

- Il vous attend sur le palier.

Max habitait au dernier étage. On jouait souvent ensemble après l'école. Mais cette fois, il attendait sur le palier et ne voulait pas entrer.

- Tu viens jouer chez moi ?

- Oui, ça me changera les idées.

On se mit à monter les escaliers qui menaient chez lui. Max semblait bizarre, il était comme terrorisé...

- Max ? Ça ne va pas ?

- Toi aussi ?

- Quoi, moi aussi ?

- Toi aussi tu as une mouche ? Moi, ça fait longtemps, mais toi...

- Depuis plus d'une semaine. Mais Max... je n'ai jamais vu ta mouche.

- C'est normal, elle ne se montre pas devant les enfants qui ne sont pas encore arrêtés.

- Ah d'accord... C'est pour ça que tu me disais que tes parents travaillaient très tard. Ils sont, eux aussi, partis en vacances.

- Chut, ne parle pas si fort...

- Ça va ! De quoi tu as peur ?

- Il faut toujours avoir peur quand on est arrêté, pas se laisser surprendre.

- Mais on ne fait rien de mal.

- Il ne s'agit pas de cela, mais deux enfants arrêtés ne peuvent pas rester seuls ensemble très longtemps...

- Pourquoi ?

- Parce que ce n'est pas permis. On aurait plein de choses à se dire, et ils ne veulent pas qu'on se dise ces choses. D'ailleurs je crains que ta mouche n'ait déjà téléphoné à la mienne. Elles nous surveillent sûrement... en ce moment même.

- Max ? Max, remets-toi !

- Vite ! Montons chez moi ; si nous jouons simplement chez moi, elles ne nous feront rien...

- Quoi, les mouches ?

- Oui, elles ne sont pas toujours gentilles.

- Max, attends. Il y a des choses que je veux savoir.

- Pas maintenant, je veux rentrer.

- Mais attends...

- Lâche-moi ! Ou tu rentres jouer avec moi, ou tu t'en vas.

- Je veux juste savoir pour mes parents. Et le procès, combien de temps ça dure !

Max s'est bouché les oreilles et s'est mis à pleurer en essayant de s'enfuir. Je l'ai retenu de toutes mes forces.

- Max ! Dis-moi combien de temps ça dure un procès, je veux savoir !

Et là une mouche est sortie de chez lui et a pris son envol. Elle a attrapé Max et ils se sont volatilisés par une sorte de porte au plafond, tout en haut de la cage d'escalier. Je n'avais jamais remarqué cette ouverture dans le plafond. Ni cette longue échelle qui y menait.

Je me suis approchée, j'ai gravi les échelons et me suis retrouvée sous la trappe en forme de porte. Je l'ai ouverte !

8. Les bureaux de la justice

Un long couloir. Un long couloir rempli de mouches et d'enfants. Un long couloir bordé de portes derrière lesquelles on entendait des bruits de machines à écrire.

Max avait disparu et une mouche me suivait au pas. Je me suis retournée et elle m'a souri... comme une mouche peut sourire : c'était Karl.

Des enfants, assis sur les côtés, avaient le regard baissé. Ma mouche n'était décidément pas la seule à jouer les nounous.

Beaucoup de parents sont donc en vacances, me suis-je dit. Et la responsabilité parentale alors ? Ce monde est fou.

Il faisait chaud, horriblement chaud. J'ai demandé à Karl ce qu'ils faisaient tous là.

- Ce sont des accusés, comme toi.

- Et ils attendent quoi, là ?

Je n'ai pas attendu la réponse de ma mouche ; je me suis tournée vers un grand garçon qui dépassait tout le monde d'une tête.

- Tu attends quoi ici ?

La mouche a dit :

- Cette jeune fille vous demande ce que vous faites là, répondez donc !

- J'attends... J'attends.

- Tu attends quoi ?, j'ai demandé.

- J'ai déposé une requête, une demande de remise en liberté et...

- Et ?

- J'espère être entendu aujourd'hui.

- *Une requête ? Mais je n'ai fait aucune requête, moi.*

- *Chaque chose en son temps*, dit Karl.

...

- *Qu'est-ce que vous avez à me regarder ?*
Pourquoi me regardent-ils ainsi ?
Vous avez l'air de tous vous donner beaucoup de mal ici.

- *Oui, il faut bien, nous avons été arrêtés...*

- *Moi aussi. Vous ne me croyez pas ? Vous voyez bien la mouche qui me suit partout...*
Qu'est-ce que vous avez à me regarder comme ça ?
Mais parlez, vous êtes endormis ou quoi ?

Alors j'ai saisi le grand garçon par le col de sa chemise.

- *Parle !*

Le grand garçon qui dépassait tout le monde d'une tête s'est mis à hurler ! Très fort, trop fort...

- *Ça va, je ne voulais pas te faire mal, juste te secouer un peu. Je ne suis qu'une fille après tout.*

Les machines à écrire ont stoppé net. Des huissiers sont arrivés. Une grosse tête, puis une plus fine, sont sorties des bureaux les plus proches. Un gros monsieur et une petite dame se sont approchés. Le dos courbé et les incisives proéminentes, ils ressemblaient étrangement à des rats.

La femme a parlé.

- *Que se passe-t-il ici ?*

L'homme, lui, restait dans la pénombre. Il était gros mais je ne pouvais dire à quel point. Les contours de son corps se mêlaient à l'obscurité ambiante.

- *Que se passe-t-il donc ?*

- Rien. Je cherche juste mon chemin, je voudrais sortir d'ici. J'étouffe. La chaleur sans doute. ... Excusez-moi, je ne voulais pas vous déranger. J'ai chaud. Je ne me sens pas très bien.

Un grand malaise s'était installé en moi. Comme un étouffement sourd. La chaleur sans doute, puis ces mouches, ces rats, tous ces visages effrayés d'enfants avec leurs dossiers sous le bras...

Le grand garçon souriait presque de me voir honteuse et si peu fière de moi. Le gros rat s'est avancé et les enfants qui s'étaient agglutinés autour de moi ont retrouvé leur chaise et leur mine déconfite. Le chemin ainsi dégagé, Karl m'a attirée vers la trappe d'où nous étions venus. Un souffle d'air frais sortait du trou, j'avais hâte d'y plonger. Karl s'est envolé. Il m'a prise avec lui et on a traversé la trappe-porte. Il m'a redéposée sur le palier de la cage d'escalier, au pied de l'échelle...

J'ai pu enfin respirer.

9. La bête du couloir

- Je ne veux pas finir comme eux !

- Pour la plupart, ce n'est que le début.

- Je dois faire quelque chose pour mon procès.

- Comme vous voudrez. Je suis à votre service.

- Sauf quand vous êtes devant la télévision !

La mouche ne dit rien. Elle remettait son veston qu'elle avait abandonné, je suppose, avant de me rejoindre au grenier. Je voyais encore ses ailes sous sa veste.

- Je suis à votre service pour les besoins journaliers. Je ne suis pas votre guide. Le procès est votre affaire. Je n'ai pas à m'en mêler. Je vais vous préparer votre souper. Je vous attends chez vous, le temps que vous repreniez vos esprits.

J'avais juste envie de pleurer. Envie de voir mes parents... J'ai entrepris la longue descente jusque chez moi où m'attendaient certainement de beaux oeufs sur le plat.

Le bâtiment semblait avoir grandi de vingt étages tant la descente me semblait longue. Longue. Longue. Les paliers se répétaient les uns après les autres. Il faisait sombre là-bas tout en bas.

Un son sourd se fit entendre et le bois de l'escalier se mit à craquer. Les murs semblaient souffrir et la cage d'escalier prenait vie, lâchant des cris de douleur. Quelque chose semblait approcher vite, très vite.

Je penchai la tête dans le vide. Un voile blanc fendait l'espace et arrachait le papier peint des murs.

Je suis remontée d'un étage. La chose était toute proche. Je me suis retournée et j'ai vu ses énormes yeux sur le palier inférieur.

Ses longues pattes la précédaient de quatre à cinq mètres. L'une d'elles a frôlé mon bras. J'ai crié. Je me suis précipitée plus haut encore. Une main m'a attrapée et m'a tirée en arrière d'un coup sec. Une porte s'est refermée et je me suis retrouvée dans un hall d'entrée.

- Ah ! Mais... Joseph, lâche-moi ! Qu'est-ce que tu fais là ?

- Chut ! Isabelle va nous entendre !

- Qui ?

- Isabelle, la bête qui montait les escaliers. Elle t'a peut-être vue entrer chez moi.

- On est chez toi ici ?

- Chut ! Attends !

De l'autre côté de la porte, le vacarme était à son comble. Le plus gros insecte jamais vu était à deux pas de nous, derrière la porte. Un insecte tellement impressionnant qu'il emportait tout sur son passage.

- Pourvu qu'Isabelle n'entre pas !

Des cris se faisaient entendre en haut et en bas. Des portes s'ouvraient puis se refermaient en claquant. Je voulais voir, c'était plus fort que moi. Alors, moi aussi j'ai entrouvert la porte et j'ai vu. Des enfants en pleurs suivaient l'insecte en rangs comme des prisonniers de guerre, encadrés par des mouches.

- Ferme ! Tu es folle ou quoi ?

- Mais c'est quoi, ça ?

- Parfois ils font ça. Ils arrivent à l'improviste, ouvrent les portes et emmènent des enfants.

- Mais pourquoi ?

- Pour l'exemple !

- Pour l'exemple ?!

- Oui, pour montrer qu'on doit les prendre au sérieux...

- Jamais vu une bête pareille !

- Et encore, elle, ce n'est rien à côté de la géante.

- La géante ? Quoi, tu veux dire qu'il existe une bête encore plus grosse qu'Isabelle ?

- Oui... enfin on ne sait pas trop : personne ne l'a jamais vue.

- Hum... Et où vont-ils, tous ces enfants ? Au grenier ?

- Non. Au grenier, on est libres d'y aller quand on veut.

- Mais où alors ?

- Je ne sais pas... Mais je n'en ai jamais vus revenir.

- Max !

- Quoi ?

- Non rien, je pense à un ami... Sa mouche l'a emporté. Tu crois qu'elle l'a emmené dans cet endroit dont tu parles ? Tu crois qu'il est prisonnier de la géante ?

- Je ne sais pas, je ne connais aucun Max...

- Merci. ... Tu en as de la force. Tu m'as fait mal en me tirant vers l'arrière. Mais merci... Tu es arrêté depuis combien de temps ?

- Ça fait un bail... un an peut-être.

- Un an !

- Oh oui, par là.

- Et tes parents ?

- En vacances. J'espère que les choses s'arrangeront vite. Je fais tout pour ça. J'écris des requêtes et je les porte tous les jours au grenier après l'école.

- Des requêtes ?

- Oui, des demandes de remise en liberté.

- Tu les écris toi-même ?

- Oui. Madame Grubach m'aide à les formuler... Toi aussi tu pourrais lui demander. Son frère est avocat.

- Je sais...

- Tu veux jouer avec moi ?

- Jouer ? A quoi ?

- Ben jouer à... un jeu.

- Jouer ! On est en état d'arrestation, je viens d'échapper aux griffes de ce monstre, et toi tu veux jouer !

- On voit que tu es nouvelle.

- Ah oui ?

- Oui. Au début, on n'accepte pas ; mais après, plus le temps passe...

- Je n'ai pas envie d'accepter ! Pas envie que ça dure un an !

- Où tu vas ?

- Au tribunal. Je veux aller au tribunal et régler cette affaire très vite.

- Mais il faut y être préparé. Je dis ça, je ne dis rien, mais...

- Tu y as déjà été ?

- Euh... non. J'attends une convocation ; ça ne devrait plus tarder.

- Eh bien moi, je veux y aller maintenant.

J'ai fait mine de vouloir quitter le petit hall où nous nous étions réfugiés, mais Joseph m'a de nouveau retenue par le bras.

- *Non pas par là, tu es folle ! Par ici, viens.*

Dans le salon, sa mouche regardait la télévision. Nous avons rampé silencieusement derrière le canapé et quitté la pièce.

- *Où on va maintenant ?*

- *Dans ma chambre.*

- *Le tribunal est dans ta chambre ?*

- *Dans toutes les chambres. Chez toi aussi, il y a un passage. Mais comme tu es chez moi, tu peux passer par ma chambre.*

La chambre de Joseph ressemblait un peu à la mienne. Sous son bureau, il y avait une trappe. Je m'y suis glissée.

- *Au revoir. On se voit lundi à l'école.*

- *Tu ne viens pas avec moi ?*

- *Non. Je n'y tiens pas. Et puis, sans convocation...*

J'ai sorti la tête de l'autre côté. Une nef s'étendait devant moi... De part et d'autre, des chaises avec des vieillards assis dessus. Et au bout, une estrade avec un monsieur qui me regardait. J'ai immédiatement compris que c'était un juge dans ses habits de pingouin.

10. Le tribunal

- Vous êtes en retard !

- En retard ? Mais je n'ai reçu aucune convocation !

- Vous êtes donc la petite Rodolphine, amatrice de pralines, fille aînée de la famille Pueducul.

Rires dans la salle.

- Non, moi c'est Emma.

- Vous... vous dites ?

- Emma.

Ça commençait bien, j'avais déjà pris le dessus sur le juge. Il feuilletait son dossier comme un élève qui doit rendre une interrogation signée et qui ne la trouve pas. La sueur lui coulait sur le front. Tous les regards étaient pointés sur lui. Visiblement, il s'était trompé de dossier. Il ne m'attendait pas, c'était sûr. Je me suis avancée vers l'estrade entourée par les vieillards. Les hommes portaient des barbes blanches, les femmes des chignons. C'est à eux que je me suis adressée vu que le pauvre juge était perdu dans ses papiers.

- Visiblement il y a erreur sur la personne. Je ne suis pas Rodolphine, et j'aime encore moins les pralines. Je suis Emma... On a forcé mes parents à partir en vacances.

Les vieux riaient à chacune de mes phrases.

- On me dit que je suis arrêtée et je ne sais absolument pas pourquoi. Chaque matin, je dois me rendre à l'école avec une mouche géante... enfin cet inspecteur de police qui me suit partout. Madame Grubach n'aime pas ça du tout.

- Qui ça ?

- Madame Grubach, mon institutrice... Ecoutez, je suis innocente, il faut donc me rendre mes parents ! ... Et vous, là, qu'est-ce qui vous fait rire ? C'est sérieux.

J'ai fait un pas vers la foule où les coudes se sont serrés pour m'empêcher de passer. Les vieux s'étaient levés et me regardaient avec des yeux moqueurs. Le juge a repris la parole.

- Mademoiselle Emma, il n'y a aucune erreur possible. Vous avez l'air bien sûre de vous. Or, quand on ne sait pas, on se tait !

- Très bien.

- Voilà.

- Oui.

- Nous cherchons juste à vous aider. A éclaircir la situation.

- Très bien.

- Très bien quoi ?

- Très bien. Aidez-moi.

- Heu oui, nous vous écoutons. Veuillez poursuivre.

- Mais je viens de tout vous dire... Je suis arrêtée et je ne sais pas pourquoi. Je viens régler cette histoire avec vous. Il doit y avoir une erreur.

- La Loi est la Loi, Mademoiselle ; il n'y a pas d'erreur possible.

- Bien ! Expliquez-moi alors.

- Quoi ?

- Mais... pourquoi je suis arrêtée.

- La chose n'est pas si simple. Il faut prendre la Loi pour ce qu'elle est. Quelque chose de supérieur à vous, à qui vous devez obéissance. Peu importe la faute. Vous êtes priée de vous taire. Et de subir notre interrogatoire. Non mais... Qui vous dit que vous avez fait quelque chose ? Quelqu'un vous a dit quelque chose à ce sujet ?

- Quoi ? Je n'aurais rien fait mais je suis arrêtée ?

- Répondez à la question.

- Votre question est stupide.

- Outrage à magistrat !

Le maillet du juge explosa sur le bureau et les débris furent projetés dans l'assistance. Chacun voulut les ramasser, dans une mêlée indescriptible. A croire que ces vieux étaient pires que des enfants...

- On nage en pleine folie.

- Outrage, outrage !

- C'est une farce, c'est ça ?

- Où est votre mouche ?

- En train de regarder la télévision sans doute. Elle passe du bon temps...

Les rires nerveux des vieillards reprirent de plus belle.

- Ce n'est pas la question. Où est votre mouche ?

- Oui, elle se la coule douce, elle prend tout ce qu'il y a dans le frigo. Elle avale tout ce qu'elle voit. Et moi, je n'ai droit qu'à des oeufs. D'ailleurs, à ce propos, je crois qu'il y a des choses qui disparaissent dans la maison. Cette mouche est une voleuse !

- Outrage !!! Taisez-vous ! Tous ! Et vous, répondez à ma question !

- Je n'ai pas à répondre à vos questions. Je ne comprends rien, laissez-moi tranquille.

- Répondez !

- A quoi ?

- A ça !

- Quoi ça ?

- Ben... la question.

- Mais vous avez bu ou quoi ?

- Outrage à magistrat !

- Vous l'avez déjà dit.

- Quoi ?

- Ça.

- Comme vous voudrez. Vous êtes libre après tout de vaquer à vos occupations.

- Bien, merci. Je m'en vais. Bande de vieux fous !

- Juste une chose, jeune fille. Vous n'avez pas l'air de vous rendre compte de l'avantage qu'un interrogatoire représente pour un accusé. Vous souhaitez nous quitter ? Eh bien soit, partez. Mais n'oubliez jamais que la vérité est entre mes mains.

- Ah la vérité, la vérité ! Mais quelle vérité ? Et mon ami Max, où est-il ? Hein ? Vous pouvez répondre à cette question ?

- Qui ?

- Max.

- Ah Max ! ... Je ne connais pas.

- Et la géante ?

- La géante ?! ... Tu ne devrais même pas prononcer son nom. Elle est la première servante de la Loi. Tiens-toi sage et elle te laissera tranquille...

- Adieu !

- Et n'oubliez pas ce que je vous ai dit : la Loi c'est la Loi.

11. L'avocat

Après que j'eus fait les cent pas sur le trottoir devant le tribunal - oui je sais, je n'ai pas retrouvé la trappe qui menait à ma chambre - ma mouche est apparue.

- Qui vous a appelé ?

- Quelqu'un du tribunal, oui... pour me passer un savon. Je vous ai cherchée partout. Il est tard, il va falloir prendre votre bain.

- Prendre mon bain ? J'ai autre chose à faire que de prendre mon bain. Je dois parler à quelqu'un. J'ai besoin d'aide. Besoin qu'on m'aide. Je veux voir le frère de madame Grubach.

- Mais...

- Je le veux !

Et il m'y conduisit. L'avocat habitait dans une grande maison. Ça devait donc être un grand avocat.

- Oui voilà, bonjour. Attendez, je m'habille. Quelle heure est-il ? ... Ah oui, déjà ! Pardon.

- C'est votre soeur qui...

- Pas si fort. Oui oui, ma soeur... Ah, ça fait longtemps que je l'ai vue ; elle va bien ? ... Très bien, alors, tststst, qui êtes-vous ? Que puis-je pour vous ?

- Mon nom est Emma et...

- Emma ? Emma K. ?

- Vous me connaissez ? Pourtant je ne suis arrêtée que depuis une semaine et je n'ai pas encore...

- Oui oui... et vous avez fui le tribunal.

- Ah, vous savez...

- J'y étais...

- Ah bon...

- Oui, mais très loin et très haut perché. Vous savez, nous les avocats, nous ne sommes pas vraiment les bienvenus au tribunal ; juste tolérés, et de loin... Asseyez-vous, dites-moi, ma petite... Dites-moi tout.

- Mais vous savez déjà tout... puisque j'ai tout dit au juge.

- Bien bien, je vois, je vois...

- On ne pourrait pas éclairer un peu plus ? Je vous vois à peine.

- Oui, heu non... surtout pas : nous ne sommes pas seuls, voyez-vous.

- Quoi ?

- Des gens se cachent dans les endroits les plus sombres de la maison.

- Vous êtes surveillé ?

- Non non, ce sont de hauts fonctionnaires qui viennent me consulter. Ils ne peuvent pas se montrer, vous comprenez ?

- Non.

- Ils ont peur de vous ; alors ils se cachent.

- Peur de moi ?

- Oui oui. C'est-à-dire que... Quand on est enfermé dans les hautes sphères de la justice, on perd le contact avec les simples mortels ; à tel point que ces fonctionnaires ne savent même plus à quoi ressemble un simple citoyen.

- Et ces gens peuvent beaucoup pour mon procès ?

- Enormément... mais ils ne peuvent pas vous parler, c'est pourquoi j'existe. Seuls les avocats servent de traits d'union entre les deux mondes.

- Pourtant...

- Je vous en prie, restez assise, tststs... s'il vous plaît...

Des yeux brillants semblaient apparaître ici et là. Il y avait des bruissements d'ailes, des petits pas saccadés. Ça grouillait dans les coins sombres, ça s'impatientait...

- Ecoutez. Je m'occupe de tout. Ne vous en faites pas, je me charge de tout.

Karl. Karl ! Reconduisez Emma chez elle.

Je vous tiens au courant, chère Emma. Oh très chère Emma, je vous tiens au courant. Ne lâchez pas, hein. Soyez forte. Tststst. Et tenez, prenez ceci. Ce sont des formulaires. A porter au grenier... Remplissez-en le plus possible, tous les jours. Tststst...

Karl, un instant.

L'avocat s'est penché sur la mouche, lui a murmuré quelque chose à l'oreille, et ils se sont mis à rire tous les deux... La mouche et moi avons repris la voiture. Je ne pouvais pas m'empêcher d'interroger Karl au sujet de cet avocat, avocat qu'il semblait si bien connaître.

- C'est normal, on se connaît tous à force.

- Et dites-moi...

- C'est un très bon avocat, il connaît beaucoup de monde comme vous avez pu le constater. ... Bon, la prochaine fois que vous décidez de vous rendre quelque part, vous me le dites, d'accord ?

12. La porte 2225

Ce soir-là je me suis endormie de bonne heure. La maison de l'avocat ne me sortait pas de la tête. J'avais l'impression d'être épiée de partout. Ma chambre, que je reconnaissais de moins en moins, semblait habitée par des êtres mystérieux. Heureusement le sommeil fut le plus fort.

Le lendemain, l'appétit n'était toujours pas vraiment au rendez-vous. Malgré cette longue nuit j'avais la sensation d'être extrêmement fatiguée.

Les semaines passèrent sans nouvelles du tribunal, ni de l'avocat.

Madame Grubach paraissait désolée. Au début du moins. Ensuite la routine a pris le dessus. Tout semblait être rentré dans l'ordre.

J'ai fini par faire comme Joseph. Moi aussi j'ai préparé des requêtes. J'ai pris les formulaires de l'avocat et les ai remplis. Et moi aussi je me suis régulièrement rendue au grenier.

J'y allais avec Joseph et Karl qui nous suivait partout. On s'installait sur une chaise devant une porte qu'on nous avait assignée. J'avais la porte 2225. On s'agitait derrière ; les rats s'agitaient aussi dans le couloir... mais jamais on n'est venu me chercher.

J'ai souvent eu envie de l'ouvrir, cette porte, mais Karl surveillait mes moindres faits et gestes...

Tous les jours monter au grenier et espérer... Un soir, après avoir attendu longtemps, j'ai dit à la mouche :

- *J'en ai marre, je veux retourner voir le juge.*

- *Non !*

- *Je veux voir le juge !*

- *Non !*

- *Si !*

Et je suis partie en courant. Je voulais voir le juge, lui donner ma requête en mains propres.

J'ai dévalé les escaliers jusque chez moi, je suis montée dans ma chambre et je suis passée par la trappe sous le bureau.

13. Les enfants sauvages

La nef devant moi était plus sombre que la dernière fois. Le tribunal était vide. Je voyais à peine les murs. Je marchais sur des dalles comme celles qu'on trouve dans les grandes églises. Mes pas résonnaient. D'immenses colonnes se perdaient dans les hauteurs : impossible de voir à quoi ressemblait le plafond. Etait-ce bien le tribunal ?

- Emma !

Mon nom résonnait dans les ténèbres.

- Emma K. !

- Monsieur le juge ? Oh oh ! Où êtes-vous ?

- Emma, tu es accusée.

- Oui, je suis au courant.

- Que viens-tu faire ici ?

- Je cherchais le tribunal... Où êtes-vous ?

- Ici, en haut...

- Je ne vous vois pas.

- ... Ça ne va pas ?

- Non pas très bien... Je pourrais avoir un jus d'orange, un bonbon, n'importe quoi ?

- Oui... voilà.

De la pénombre, quelqu'un fit rouler une pomme.

- Merci. Je n'ai rien pris depuis hier soir...

- Ça va mieux ?

- Oui, mais j'ai la tête qui tourne.

- Tu ferais mieux de retourner d'où tu viens.

- Qui êtes-vous ?

- Peu importe. Mais si tu cherches le tribunal, alors tu n'es pas la bienvenue ici.

- Pourquoi ? Qui êtes-vous ?

- Personne. C'est étrange que tu sois arrivée jusqu'à nous.

- Nous ?

Lentement, des ombres sont apparues autour de moi.

- N'aie pas peur, nous ne te voulons aucun mal. Retourne dans ta chambre.

- Vous, vous savez qui je suis. Vous êtes juste derrière la trappe de ma chambre. A mon tour, je veux savoir qui vous êtes... Holà ! Vous m'entendez ?

Soudain un mouvement. Une silhouette se dessine dans l'obscurité. Elle descend vers moi, longue et fine. Des yeux ronds et une tête bouclée s'avancent. J'ai déjà vu cette tête-là quelque part... Ah oui, au grenier. C'est le garçon qui dépassait tout le monde d'une tête et qui avait hurlé comme un damné. A voir mon étonnement, il eut un sourire.

- Tu as vu un fantôme.

- Mais... non ! Tu es le grand garçon du grenier.

- Voilà, maintenant tu sais qui nous sommes.

- Toi oui. Mais les autres ?

Des têtes apparurent un peu partout autour de moi, l'obscurité laissant place à une sorte de crépuscule. Des dizaines de têtes, petites et grandes.

- Nous sommes le Front de Libération.

- Hein ?

- Nous avons tous été arrêtés comme toi. Victimes comme toi d'une injustice. Alors nous avons décidé de nous unir et de combattre. Nous vivons cachés, loin des mouches. Libres !

- Libres mais cachés.

- C'est le prix à payer pour mieux combattre. Tu crois que c'est en parlant fort qu'on se fait entendre ? En se faisant poursuivre par les rats des greniers ? Il faut être plus maligne que ça, Emma K.

- Mais il y a sûrement une erreur. Je n'ai rien fait de mal !

- Et nous ? Tu crois que nous sommes différents ? Tu te crois supérieure ? Tu vaux mieux que nous peut-être ?

- Je n'ai jamais dit ça.

- Nous sommes en colère... comme toi.

- Je ne suis pas en colère.

- Qu'est-ce que tu fais ici, alors ?

- Je ne sais pas.

- Si tu acceptes ce qui se passe là-haut, alors va-t'en et bonne chance !

- Je n'accepte pas, c'est pour ça que je cherche le tribunal. Je me suis donné beaucoup de mal mais jusqu'ici cela n'a rien donné.

- Qu'attends-tu du tribunal ? La dernière fois, tu as dû fuir.

- Je ne sais pas... Peut-être répondre à leurs questions. Ça m'aiderait peut-être à y voir plus clair.

- Il n'y a pas d'autre solution que de prendre les armes.

- Contre qui ?

Ils se mirent tous à rire. J'avais visiblement posé une question idiote...

- Contre qui ? Mais ceux d'en haut, les mouches, les rats Et la géante.

- La géante ?

- La géante... Celle qui emporte les parents sur son dos, celle qui envoie Isabelle dans les couloirs, celle qui détient tous les pouvoirs. Les adultes sont à sa merci.

- Tu l'as déjà vue ?

- Nous savons où elle se cache.

- Je veux lui parler. ... Je veux la voir.

- Ça t'avancera à quoi ?

- Je ne sais pas. Peut-être à rien. Peut-être à quelque chose.

Un bourdonnement se fit entendre. De plus en plus assourdissant.

- Vite aux abris !

- C'est quoi ?

- Pose pas de questions et cours ! Par ici ! Emma, par ici.

Ce bourdonnement me cognait aux tempes. Quelque chose nous poursuivait. Une armée sourde sur les talons. Je courais comme jamais je n'avais couru. Je ne pensais pas au point de côté qui me faisait mal, je pensais juste à fuir.

- Par ici, Emma, par ici !

Le grand qui dépassait tout le monde d'une tête me fit un signe de la main. Les colonnes s'avéraient être des troncs d'arbres énormes. Le bourdonnement se faisait de plus en plus intense. Une nuée noire obscurcissait le ciel : des mouches. Une quantité effroyable de mouches survolaient nos têtes. Cachés dans les buissons, sous les feuilles, dans tous les endroits susceptibles de faire disparaître nos corps d'enfants, nous attendions que l'orage passe...

Le grand qui dépassait tout le monde d'une tête sortit le premier de sa cachette.

- Il va falloir t'habituer à nous, tu n'as plus le choix maintenant !

Les enfants sauvages - c'est comme ça qu'ils s'appelaient eux-mêmes - vivaient dans des cabanes sous le gros feuillage d'arbres vieux comme le monde. Entre ciel et terre.

- C'est pour éviter les mouches qui volent et les rats qui rampent ici parfois la nuit.

- Ils ne vous ont jamais trouvés ?

- Si, ça arrive parfois... Alors on fuit et on change de tanière. Mais c'est rare. Ils ne nous cherchent pas vraiment. Moins on s'occupe d'eux, plus ils nous oublient.

- Ils préfèrent vous laisser croupir ici.

- Nous sommes libres ici !

- Sans vos parents.

- Les parents sont des imbéciles qui se plient aux lois de la géante !

- C'est de toi ça ?

- C'est la vérité.

La nuit avait fini par tomber. Tous les enfants s'étaient réunis autour du feu de bois. On pouvait se servir de cuisses de lapin grillées sur les braises. Il y avait longtemps que je n'avais plus mangé quelque chose d'aussi bon.

Ils avaient appris à chasser dans les bois, torses nus et grimés comme des soldats. Le grand qui dépassait tout le monde d'une tête était le plus terrifiant de tous. Je sentais qu'il avait des comptes à régler avec les adultes.

- Le jour où tu m'as vu au grenier, j'avais l'intention de franchir une porte... Mais tu as tout fichu par terre.

- Vous connaissez donc le chemin pour rentrer chez vous ?

- Bien sûr... mais c'est dangereux, à cause d'Isabelle. Elle sait qui on est. Pour rentrer chez moi et aller au grenier, j'ai dû regagner la confiance de ma mouche. Et tout ça pour rien. Notre dispute a soulevé des doutes là-haut... et j'ai été interdit de grenier définitivement. J'ai dû revenir ici.

- Que pensais-tu trouver derrière la porte ?

- La Loi... la géante.

- La géante se cache au grenier ?

- Oui !

- Comment tu le sais ?

- Tout le monde le sait ; c'est comme ça, c'est tout.

- ... Tu m'as dit que tu l'avais déjà rencontrée ?

- Non.

- Si ! Pour que je vienne avec vous.

- Non, j'ai juste dit que je savais où elle était.

- ... Je veux la voir.

- Je viens de te le dire : seules les portes du grenier mènent à elle, j'en ai bien peur.

- Alors on va au grenier.

- ... D'accord. Mais ça ne va pas être facile.

- Je veux la vérité, tout comme vous.

- A l'aube, je viendrai te chercher.

Cette nuit-là je n'ai pas pu dormir. Mon ventre était enfin repu et heureux de ce barbecue improvisé par les enfants sauvages.

On avait bien mangé. Pourtant, ces visages terrifiants de chasseurs ont hanté ma nuit.

A l'aube, comme promis, le garçon qui dépassait tout le monde d'une tête est venu me chercher. Il était accompagné d'autres enfants armés de lances. Nous avons marché plus d'une heure à travers la forêt et grimpé une colline.

- Attention ! C'est ici. Surtout ne pas se montrer.

- C'est quoi ces prairies ?

- Après les prairies, il y a la ville... Mais c'est infesté de mouches par ici.

- Ok !

- Attention !

Le grand garçon s'est avancé en brandissant son bâton.

- Qu'est-ce que tu vas faire ?

- Attention baisse-toi !

Il était trop tard. Une mouche arrivait sans crier gare. Le garçon la frappa et elle s'écrasa au sol, bien mal en point. Il voulut l'achever.

- Nooon ! Laisse-la partir. Laisse-la !

- Tu es avec nous ou contre nous ?

- Je ne suis pas avec vous. Pas comme ça.

- C'est la guerre ! Tu ne vois pas ça ?

- La guerre ? Mais contre qui ? La géante ? Je veux comprendre...

- Il n'y a rien à comprendre.

- Il y a toujours une raison

- Elle veut nous faire peur.

- Je n'ai pas peur, ne t'en fais pas... Toi, je crois que oui. Si tu avais voulu franchir la porte l'autre jour, tu aurais pu. Mais tu ne l'as pas fait. Tu as eu peur de voir la géante. Une fois devant la porte, tu as regretté ta promesse envers les enfants sauvages. Tu rejettes la faute sur moi, mais tu étais en fait bien content que je sois arrivée et que tout ait foiré. Tu as ainsi pu revenir ici la tête haute...

- Arrête ! Tu dis n'importe quoi !

- Moi j'irai et j'ouvrirai la porte.

- Et comment vas-tu t'y prendre, petite maligne ?

Je me suis retournée vers la mouche abattue qui s'était remise sur ses pattes. Je lui ai dit...

- Tu me dois bien ça toi, je t'ai sauvé la vie. Et c'est ma volonté : conduis-moi au grenier !

14. Le retour au grenier

La mouche, trop contente d'échapper aux jeunes chasseurs, m'emporta sans attendre. Elle s'élança dans le ciel et survola les prés. Elle s'engouffra dans la ville, entra dans mon immeuble par une fenêtre et me déposa dans le grenier.

Le couloir était toujours aussi étroit. Mais, si tôt dans la journée, les enfants n'étaient pas encore là. J'étais comme libérée d'un poids. Je me sentais libre, légère, pleine de force et de conviction. J'aurais voulu que Joseph, Max et même le grand garçon du grenier voient ça...

Ouvrir la porte 2225, vite, sans réfléchir et prendre tout le monde de court. Mais une voix raisonna.

- Qui a osé ?

- Vous ?!

C'était le juge qui m'attendait malgré l'heure matinale.

- Ne me cherchais-tu pas ?

- Trop tard !

- Ainsi tu oserais déranger la gardienne de la Loi, insondable et mystérieuse ? ... Personne ne peut voir son visage, petite Emma K. Elle est le bien, elle est le mal. Si tu as peur quand j'évoque son nom, c'est normal ; et si tu claques des dents, pense très fort à tes parents. Mais s'il te plaît, quitte ce sourire. Je suis sérieux.

Droite et méticuleuse, elle est la bête qui se glisse peu à peu en toi. Tu lui dois obéissance, ne lui oppose aucune résistance. Tu la chercheras parfois sans la trouver. Mais sache qu'elle suit tous tes mouvements. Elle est le juge suprême de tes moindres faux pas. Tiens-toi bien et tout ira bien. Tiens-toi mal et tout ira mal. C'est écrit dans les textes...

J'étais bien décidée à entrer. J'ai posé la main sur la poignée de la porte 2225.

- Mais... qu'est-ce... ?

- Vous n'êtes qu'un pantin.

- Pauvre de toi ! Tu vas devoir subir la sentence ultime. A moins que... A moins que quoi ? Où en étais-je ? Ah oui... A moins que tu ne travailles pour moi. Tu sais, je ne suis plus très jeune, je vais avoir besoin d'aide. Plus que la vérité, c'est l'ordre qui importe.

Je me suis mise à tourner lentement la poignée de la porte.

- Attends ! Tu déranges l'ordre, petite. Ça ne va pas lui plaire. Tu pourrais entrer à mon service et aider Max... Oui Max, ton ami, tu te souviens ? L'aider à classer mes archives. Je ne suis pas... très ordonné, tu as pu t'en apercevoir.

- Je vais franchir cette porte.

- Je crois qu'il serait préférable que tu ne le fasses pas.

- Vous croyez ? Vous croyez quoi au juste ?

- Je crois en l'ordre !

- Et moi, je crois que vous avez peur vous aussi...

- Quoi ? Mais non !

- Je vais ouvrir.

- Non !!!

- J'ouvre !

Une lumière aveuglante a soudain envahi le grenier. Et j'ai franchi la porte.

En quelques instants, le calme était revenu. J'étais de nouveau dans le champ. Je scrutais le ciel mais ne voyais qu'un soleil étincelant. Pas de nuée, pas de géante.

A l'horizon, ma maman me tournait toujours le dos.

- *Maman ! Maman ?*

La dame s'éloignait à nouveau. Alors j'ai pensé... - comment dire... ? - que c'était moi qui imposais à cette femme d'être ma mère, que je croyais voir en elle ma propre mère...

Cette pensée m'a traversé l'esprit en un éclair. Alors j'ai demandé :

- *Qui êtes-vous ?*

La femme s'est arrêtée. Elle s'est retournée. Elle souriait. Elle ressemblait à ma mère mais ce n'était pas ma mère...

Elle me ressemblait bien davantage, je crois, avec juste vingt ans de plus que moi.

Elle m'a souri et elle m'a dit :

- *Te voilà prête.*

- *Prête à quoi ?*

- *A grandir... Pardon, je me présente : je suis la Loi.*

- *Vous... vous êtes la Loi ?*

- *Pour un instant. Si tu le veux bien.*

- *Mais le monstre ?*

- *Lequel. La géante ? Celle que personne n'a jamais vue. Celle à laquelle Joseph et le grand garçon qui dépassait tout le monde d'une tête ont voulu te faire croire ?*

- *Voulu ?*

- *Enfin... eux y croyaient. Et parce qu'ils y croyaient, tu t'es mise à y croire. Mais heureusement tu as voulu en avoir le coeur net.*

- *Vous êtes la Loi et le monstre n'existe pas ?*

- Je suis la Loi, mais juste un instant, juste pour te dire ce que j'ai à te dire. Puis je disparaîtrai et je te laisserai vivre ta vie. La vraie.

Je plains les mouches, et tous les pingouins, et toutes les Isabelle du monde. Car tous disent me connaître mais ne savent rien de moi.

Toi, tu as compris. Tu as su leur tourner le dos alors qu'ils voulaient t'offrir leur vérité sur un plateau d'argent. Tu as choisi de te forger ta propre idée sur les choses.

C'est le début de la liberté. Avec ça, tu peux grandir. Alors grandis ! Voilà. C'est tout ce que j'avais à te dire.

- C'est tout ?! Enfin je veux dire...

- C'est déjà énorme. Je vais te laisser maintenant. Tes parents t'attendent... et ton petit frère aussi.

- On se reverra ?

- A ton avis ?

Elle s'éloignait déjà.

- Oh j'oubliais : Joyeux anniversaire !

Une voiture m'attendait. Karl m'invita à monter à l'arrière. Il était redevenu normal. Enfin... humain.

- Je vous ramène chez vous.

- Karl ?

- Oui ?

- Vous saviez tout depuis le début ? Je veux dire... vous étiez dans le coup ?

- Je n'ai fait que jouer mon rôle...

Et il s'installa au volant...

En apprendre un peu plus sur Kafka et son oeuvre

Statue de Franz Kafka au coin des rues Dusni et Vezenska, dans le premier arrondissement de Prague, là où se situait, jadis, la frontière entre la vieille ville chrétienne et le quartier juif de Josefov.
Elle a été réalisée par le plasticien Jaroslav Rona et inaugurée en 2003.

Le procès, de Franz Kafka

(Résumé du roman qui a inspiré *Emma K.*)

Le jour de son anniversaire, deux gardes s'introduisent dans la maison de Joseph K. et lui annoncent qu'il est en état d'arrestation. Sans préciser pourquoi. Ils n'en savent sans doute rien eux-mêmes.

K. est conduit dans la chambre d'une certaine dame Bürstner en son absence et subit un étrange et bref interrogatoire. On lui confirme qu'il est aux arrêts mais qu'il doit continuer à vivre normalement, donc aller travailler à sa banque.

A la fin de la journée, il rentre chez lui ; il s'excuse de ce qui s'est passé le matin auprès de sa logeuse (fort étonnée car elle n'a rien remarqué) et auprès de dame Bürstner dont les réactions sont plutôt bizarres.

Plus tard, on annonce à K. qu'une enquête est ouverte et qu'il doit se présenter auprès de la Cour le prochain dimanche tout en "oubliant" de lui donner une adresse précise. Il se retrouve dans un quartier pauvre et erre entre les immeubles d'habitations avant d'enfin recevoir de l'aide d'une blanchisseuse.

A peine arrivé devant le juge, K. proteste contre le traitement qui lui est réservé et accuse de corruption la Cour et ses fonctionnaires dont beaucoup sont présents dans l'ombre. Le juge lui fait remarquer qu'il nuit à sa propre cause en faisant de telles déclarations. Mais K. refuse de participer à ce simulacre de procédure et quitte la salle.

Pourtant, la semaine suivante, il y retourne spontanément, sans la moindre convocation. Hélas le tribunal ne siège pas ce jour-là. La blanchisseuse - qui n'est autre que l'épouse de l'huissier responsable des audiences - permet à K. de découvrir que les dossiers que le juge consulte ne sont en fait que des romans pour adultes.

Finalement, il rencontre l'huissier ; il l'accompagne dans sa tournée des bureaux délabrés, ce qui lui permet de faire la connaissance d'autres accusés épuisés par la durée de leur procès.

K., fortement touché par ce qu'il découvre et l'atmosphère oppressante des bureaux, est pris d'un malaise ; mais l'air frais du dehors lui permettra vite de retrouver ses esprits.

Son oncle lui rend visite et lui reproche vertement de ne pas se défendre avec suffisamment de vigueur. Il lui présente un vieil ami avocat susceptible de l'aider. Mais K. comprend vite qu'il ne doit rien attendre non plus de ce "soutien". Pourtant, le procès approche…

A la banque, un client propose de l'introduire auprès d'un peintre bien placé car les juges posent pour lui. Ce dernier lui conseille de tout mettre en oeuvre pour faire reporter le plus longtemps possible le jugement final. Et il l'engage à manifester sa reconnaissance en lui achetant quelques toiles.

Un an plus tard, et après de nombreuses péripéties qui n'ont en rien résolu son problème, K. se prépare à fêter son anniversaire. Deux hommes habillés de manière stricte changent ses plans, le guident vers une carrière à l'extérieur de la ville et l'assassinent à coups de couteau.

*

Publié en 1925, et traduit pour la première fois en français en 1933 par Alexandre Vialatte pour Gallimard, *Le procès* est le roman central de l'oeuvre de Kafka. Il constitue l'un des éléments fondateurs de l'absurde en littérature.

Qui était Franz Kafka ?

(Biographie succincte et simplifiée)

Franz Kafka naît le 3 juillet 1883 à Prague, capitale de la Bohême qui fait alors partie de l'empire austro-hongrois. Sa famille est à la fois d'origine juive, tchèque et allemande. Il aura deux frères (qui mourront en bas âge) et trois soeurs. De ce que l'on en sait, c'est un garçon timide et sensible. Dans sa famille, on parle surtout le tchèque et on pratique peu la religion.

Durant sa petite enfance, ses parents déménagent souvent, ce qui entraîne une sorte d'instabilité mal vécue aussi bien par les adultes que les enfants. Mais, en 1889, ils achètent une grande maison pour y installer l'épicerie familiale. A partir de ce moment, les parents sont très occupés et l'éducation des enfants est confiée aux cuisinières et aux gouvernantes.

Le père est rarement présent mais n'est jamais loin pour autant. Il intervient régulièrement lorsqu'il faut sévir. A ses yeux, un jeune garçon doit se soumettre avec obéissance et sans protester. Il veut façonner lui-même la personnalité de ses enfants ; il n'est évidemment pas question de les laisser s'épanouir librement.

En particulier, Hermann Kafka veut faire du jeune Franz, taiseux et solitaire, un être fort et tonitruant comme lui. La mère vit mal cette tension constante. Si elle cherche bien de temps en temps à s'interposer entre son mari et ses enfants, elle finit la plupart du temps par renoncer à changer les choses et à intervenir dans leur éducation. Elle se désintéresse donc peu à peu de ses enfants.

Ce manque d'affection, Franz va le compenser en observant son entourage, en déformant ce qu'il voit à travers le filtre de son imaginaire, et en se racontant des histoires où il mêle la réalité et le rêve.

En grandissant, il s'investit dans le sport et la lecture, tout en jouant un rôle de "mentor" pour ses jeunes soeurs. Il écrit et met en scène, dès 1896, des petites pièces de théâtre à jouer avec elles devant les parents. Ces rares moments de partage constituent, pour toute la famille, d'éphémères espaces de bonheur et de liberté. Car pour le reste, les trois soeurs sont soumises à un contrôle permanent afin d'en faire des épouses et des mères accomplies.

A la fin de son école primaire, Franz poursuit ses études dans un lycée classique allemand pour satisfaire les ambitions de son père. Car, pense ce dernier, c'est dans cette langue qu'il faut s'exprimer pour gravir l'échelle sociale.

Dans cette école secondaire, l'enseignement est austère et la discipline écrasante. C'est pourtant là que le jeune Franz se crée ses premières amitiés et trouve le temps d'écrire ses premiers récits.

En 1901, il débute des études supérieures de chimie puis de droit à l'université de Prague, avant d'opter pour des études littéraires... et de revenir au droit sans enthousiasme. Il obtient son doctorat en 1906.

Mais l'université lui permet surtout de découvrir le théâtre, d'assister à de nombreuses conférences et de faire des rencontres de tous ordres. Il écrit beaucoup, on le sait, mais on n'en a gardé aucune trace : il a lui-même détruit tous ses premiers manuscrits, sans doute pour montrer combien il ne gardait pas un grand souvenir de cette période difficile.

Toujours partagé entre désir et réalité, il fait de nombreux projets d'avenir, envisage sérieusement de quitter Prague et sa famille, voire même d'émigrer en Amérique. Mais il finit par accepter de rester et de travailler comme employé dans le domaine des assurances. Il découvre alors la lourdeur de la bureaucratie. C'est la fin de son rêve de liberté.

Kafka apprend à connaître la terrible force de résistance de l'administration à tout changement, la rigidité et le manque d'humanité des chefs à tous les niveaux, et surtout l'injustice envers les plus faibles qui font souvent l'objet de l'acharnement de ceux qui gèrent leurs dossiers. Face aux problèmes des accidentés du travail qu'il doit traiter, il se sent solidaire des victimes et révolté face au poids du système, mais en même temps il ne comprend pas la résignation de ceux qui subissent les tracasseries.

Il a de plus en plus de mal à concilier son travail de bureau, sa colère intérieure et son activité littéraire. Il tient un journal où il exprime cette vision difficile d'un monde plein de contradictions. Sa position est inconfortable car il dérange fortement ses collègues et ses chefs qui ne comprennent pas pourquoi il pense et agit de la sorte. Mais il ne se décide pas à faire un choix.

Il faut dire que son travail pour la société d'assurances lui offre un horaire souple et lui laisse donc beaucoup de temps pour écrire. Dès lors, après une courte période de ras-le-bol où il évoquera son envie de suicide auprès de quelques amis, il finira par accepter le fossé entre ses désirs profonds et la réalité de la fonction qui lui permet de gagner son pain quotidien. Et s'organisera en conséquence : il travaillera le matin, dormira l'après-midi et écrira la nuit.

En 1912, outre des poèmes et l'ébauche d'un premier roman, il écrit *Le verdict*, une brève nouvelle dont il se déclare - ce qui n'est pas habituel, on l'aura compris - assez satisfait. A juste raison puisqu'elle sera plus tard considérée comme un premier exemple "d'écriture objective de l'absurde". *

Par la suite, Franz Kafka se dirigera davantage vers une description "froide" des personnages, des situations, des événements en faisant comprendre au lecteur : à toi de te faire une image de ce que j'écris et de voir en quoi elle te rappelle le monde dans lequel toi-même tu vis.

Les histoires qu'il invente ne sont ni logiques en apparence, ni même achevées comme tout bon récit qui se respecte. Ce qu'il veut, c'est "parler en secret" à chaque lecteur, le mettre devant des personnages et des situations qu'il va reconnaître et qui font partie de son propre univers.

En l'absence d'explication, d'interprétation, sa vision du monde provoque un profond malaise chez ceux qui peinent à comprendre ce qu'il veut dire, alors qu'ils sont chargés d'accepter ou d'interdire la circulation de ses oeuvres. L'absurde, on le sait, crée la méfiance, le doute. Les ennuis de l'auteur ne cesseront donc de croître.

Malgré les difficultés qu'il rencontre, Franz ne cessera plus d'écrire tout en reconnaissant que cette activité le tourmente et l'entraîne vers une solitude qui le rend malheureux.

Il essaie pourtant d'avoir une vie "normale" et aspire à se marier, à fonder une famille. Mais en même temps il se sait incapable d'y consacrer l'énergie dont il a besoin en tant qu'auteur. Ce dilemme le poussera à se fiancer à deux reprises avec la même jeune femme pour rompre

(*) Est absurde ce qui ne respecte pas les règles de la logique et de la cohérence. Un comportement inhabituel ou une pensée qui ne se conforme pas aux règles de la société sont considérés comme absurdes et sont donc rejetés. L'absurde peut entraîner une réaction comique ou tragique car les gens au pouvoir sont très inquiets quand ils ne comprennent pas.

définitivement après cinq années d'hésitation... même s'il est au fond de lui persuadé qu'il ne peut se passer d'elle.

L'histoire se répétera avec d'autres femmes jusqu'à sa rencontre avec Dora Diamant durant l'été 1923. Ils vivront ensemble jusqu'à sa mort qui ne tardera pas car Kafka a contracté la tuberculose quelques années auparavant. Soigné par Dora et soutenu par quelques rares amis, il mourra le 3 juin 1924 après avoir demandé - en vain - que toute son oeuvre soit finalement détruite puisqu'elle ne lui donnait pas satisfaction.

Au contraire, plusieurs écrits essentiels seront publiés à titre posthume, de même que sa *Lettre au père* et d'autres textes.

On lui doit notamment :

Le verdict (1913)
La métamorphose (1915)
La colonie pénitentiaire (1919)
Un médecin de campagne (1919)
Le procès (1925)
Le château (1926)
Le terrier (1931)

Sources :

- Franz Kafka : *Lettre au père* (écrit en 1919 mais publié 1952). Folio, 2010
- Franz Kafka : *Journal (1910-1923)*. Grasset, 1973
- Max Brod : *Franz Kafka. Souvenirs et documents* (1945). Folio, 1962
- Klaus Wagenbach : *Kafka, les années de jeunesse.1883 1912*. Mercure de France, 1967

...ainsi que la lecture de divers articles trop nombreux à citer ici.

Une première version théâtralisée du texte *Emma K.* a été créée en avril 2018 au Théâtre La montagne magique puis reprise en août 2018 dans le cadre des Rencontres de Théâtre pour la jeunesse à Huy.

Mise en scène : l'auteur, Giuseppe Lonobile. Avec Alice D'Hauwe et Hugo Messina.

Scénographie et éclairages : Fabien Laisnez. Musique et décor sonore : Olivier Bilquin. Régie lumière : Fabien Laisnez. Régie son : Olivier Bilquin.

Une production de l'Atis Théâtre avec le soutien de la Fédération Wallonie-Bruxelles, du Théâtre La montagne magique, du Foyer culturel de Saint-Ghislain et de la Maison culturelle de Boussu.

L'écriture de ce texte s'est faite en partie à la Résidence du CED-WB à Maricmont (Hainaut, Belgique) et à la Résidence de Monthey (Valais, Suisse).

L'auteur remercie les organisateurs, animateurs et conseillers dramaturgiques de ces deux résidences.

LANSMAN EDITEUR / EMILE&CIE asbl

63-65, rue Royale B-7141 Carnières-Morlanwelz (Belgique)
Téléphone (32-64) 23 78 40 - Fax/Télécopie (32-64) 23 78 49
info.lansman@gmail.com - www.lansman.org

LANSMAN EDITEUR / EMILE&CIE asbl
bénéficie du soutien de la Fédération Wallonie-Bruxelles
(Direction du Livre et des Lettres)

Emma K.

est le 1200e ouvrage publié chez Lansman Editeur
et le 1er de la collection "LANSMAN POCHE"
destinée à accueillir des textes à lire, à dire et à jouer.

Ouvrage composé par EMILE&CIE
Imprimé en Belgique par PR-Print s.a.
http://www.prprint.com/
Dépôt légal : septembre 2018